Saska Manuela Weidl

Im Meer meiner Gefühle

AF220726

Saska Manuela Weidl

Im Meer meiner Gefühle

Es bleibt die Liebe: Gedichte

Bibliografische Information der Deutschen Nationalbibliothek:
Die Deutsche Nationalbibliothek verzeichnet diese Publikation
in der Deutschen Nationalbibliografie; detaillierte
bibliografische Daten sind im Internet über http://dnb.dnb.de
abrufbar.

© 2021 Saska Manuela Weidl, (Hrsg.) Regina König-Fritz

Herstellung und Verlag: BoD – Books on Demand,
Norderstedt

ISBN: 978-3-7534-6380-3

Die Liebe in vielen Drehmomenten – war das in den Achtzigern schwindelerregender als heute? Saska Manuela Weidl erkundet in ehrlichen Gedichten, wie das geht mit Zärtlichkeit, Verlusten, Sehnsucht, Blumen, Selbstbehauptung, Liebhabern, Schlawinern und ... Teenagern im Haus. Die zweifache Mutter und heute dreifache Großmutter fasst Seele und Alltag in „Im Meer meiner Gefühle" beherzt zusammen. Kurze Lebensweisheiten sind locker inbegriffen. Es passte damals – der Lyrikband gefiel in den bunten Achtzigern – und wir glauben auch heute. Die Verse von vor 40 Jahren klingen frisch — immer im Beziehungskarussell! Sehr anrührend. (Hrsgb.)

Saska Manuela Weidl wurde 1955 in Offenbach geboren. Sie besuchte die Volksschule und arbeitete als Stepperin, Friseurin, Verkäuferin, ehrenamtliche Sozialarbeiterin und frei bei einem Verlag. Ihr Mann starb 1981; da waren die Kinder klein. Gedichte schreiben geriet ihr zur Therapie. Die Bände „Wohin meine Wege gehen" (1984) und „Im Meer meiner Gefühle" (1986) erzählen von Lebensschmerz und Heilung. Erfolge damals, die zu zahlreichen Lesungen — zum Beispiel auch auf der Frankfurter Buchmesse — führten. So sind die zeitlosen Themen „Partnerschaft, Freundschaft, Liebe, Verweigerung, Tod oder Zuversicht" zu Stationen auf dem Weg zur Selbstfindung geworden.

Bodenlos

Du bist wie ein Loch

in das ich falle

falle

falle

und doch

niemals

ankomme

denn Du bist

bodenlos

Warten worauf

Dass du mich anrufst

dass du zu mir kommst

dass du bei mir bleibst

dass du mich liebst

dass du mich nie vergisst

was soll ich tun

warten

worauf

Nur weil Du fremd

Ich lernte Dich kennen
und wollte Liebe zeigen
doch warst Du fremd
ich zeigte Ironie
Ich lernte Dich kennen
und wollte Freude zeigen
doch warst Du fremd
ich zeigte Gleichgültigkeit
Ich lernte Dich kennen
und wollte mich zeigen
doch warst Du fremd
ich zeigte eine andere
als die ich bin
Woher solltest Du wissen
dass ich unsicher bin?

Output Return

Mit anderen kann

ich reden und

träumen

mit Dir nicht

mit anderen kann

ich lachen und

weinen

mit Dir nicht

Du hast wohl Deine

Gefühle auf

Computerwesen

umgestellt

Liebe auf Zeit

Ich wäre gerne für dich

die Luft

die du atmest

die Zeitung

die du liest

die Blumen

die du gießt

doch

ich bin nur

Warten

Hoffen

Vertrauen

und das auf Zeit

NEIN DANKE

Irrtum

Stolz nanntest Du Dich
mein Eroberer
und hast nicht verstanden
dass meine Liebe
ein Geschenk war

Frieden

Einsamkeit

zieht in die Herzen

und das Alleinsein

trennt wie eine Mauer

von der Außenwelt

wo bleibt die

Gerechtigkeit des Himmels

wo Mitleid mit dem

der Leid nicht erträgt

lasst Frieden

einziehen in die Herzen

und die Welt

erträglich werden

Es war einmal

In einer
fast vergessenen Zeit
warst du mir alles
Freund
Beichtvater
Geliebter
Kamerad
und Tröster
in der Not
Doch
was war ich
dir
je gewesen

Fehlfarben

Du bist eine Hülle

ohne Inhalt

doch mit hübsch

verpackten Worten

schaffst du es

deine Umwelt zu täuschen

du malst ein Bild

mit falschen Farben

trotzdem habe ich

dich erkannt

Nachruf
auf Manfred

Ich suche Dich
gingst Du fort?
Ich rufe Dich
hörst Du nicht mein Weinen?
Ist es wahr?
Ist es so?
Gingst Du fort für immer?
Kann kein Ruf Dich mehr
im Jenseits erreichen?

Betreten auf eigene Gefahr

Betrete

niemals

eine Brücke

ohne genügend

Selbstvertrauen

wirkt sie auch

noch so

stabil

ein bisschen

Misstrauen

genügt

um sie

einzustürzen

Meistens kommt
es anders

Hey Du
weißt Du noch
als wir uns
kennenlernten
wir fühlten uns
wie Freunde
doch langsam
hast Du Dich
in meine
Gefühle geschlichen
Danach war ich in
mir angewärmt
mit Liebe zu Dir

Sehnsucht nach Dir

Mein Kind
heute gehst du wieder
fort von mir
ich bleibe zurück
traurig und allein
mich sehnend nach dir
wartend auf den nächsten
Besuch
nach Monaten kommst
du wieder
du bist verändert
ich habe es nicht erlebt
aufs Neue muss ich dich
kennenlernen – mein Kind

Im Dutzend billiger

Am Montag bist Du

fremdgegangen

Du kamst

mit roten Rosen

Am Dienstag hast Du

mich belogen

auch da bekam ich

rote Rosen

Am Mittwoch habe ich

umsonst auf Dich

gewartet

Am Donnerstag kamst Du

reumütig

wieder mit roten Rosen

Am Freitag kamst Du

erst spät

in der Nacht

Am Samstag Entschuldigung

wie gehabt

mit roten Rosen

Am Sonntag hatte ich

für Dich

ein Dutzend

rote Rosen

und ein Leb wohl!

Mein Blumenkavalier

Warum

Deine Liebe

zu besitzen

war ein

Himmelsgeschenk

Dein Leben

zu verlieren

eine Macht

Doch welche

und warum

Erkenntnis

Sicher und gefestigt

war ich in mir

war ich

bevor ich Dir

begegnete

dann war ich unsicher

war ängstlich

verlor den Boden

meiner Sicherheit

da ließ ich Dich gehen

und gewann die

Einsamkeit

Do you understand me

Vieles wolltet Ihr

von mir wissen

Doch Ihr habt

nie verstanden

Sprach ich denn

eine fremde Sprache

Dornenweg

Du hast mir

nie versprochen

eine Rose ohne Dorne

für mich zu sein

Du hast nur vergessen

mir zu sagen

dass du mehr Dornen

als Blüten hast

Aufgewacht

Ich
schrieb dir
zärtliche Worte
auf rosa Papier
da
warst du ratlos
Ich
schrieb dir
wütende Worte
auf schwarzem Papier
da
hast du geschwiegen
ich
bin geheilt
von meiner Sehnsucht
nach dir

schrieb ich

auf weißes Papier

Da

bist du erwacht

Da

hast du erkannt

Nun schreibst

du mir

zärtliche Worte

auf rosa Papier

Abgefärbt

Als ich keine Antwort wusste
habe ich dich gefragt
Als ich nur noch Ängste
kannte, kam ich zu dir
Als meine Gefühle
keine klaren
Aussagen mehr waren
ließ ich sie von dir deuten
eine Antwort
eine Sicherheit
eine Klarheit
fand ich bei dir immer
doch fast zu spät
habe ich bemerkt
dass ich DICH lebte
und nicht MICH

Alles umsonst

Jeder Vorwurf

jede Bitte

jeder Wunsch

jede Hoffnung

jedes Vertrauen

in Dich ist vergeudete

Liebesmüh'

Nicht allmächtig

Alleine unter vielen

Alleine mit Dir selbst

das war Dein Vorwurf

nach vielen Wochen

an mich

doch Dir gerecht

zu werden hieße

der liebe Gott zu sein

Tanz auf dem Hochseil

Traum ohne

Wirklichkeit

oder Wirklichkeit

ohne Träume

irgendwo dazwischen

bin ich dir begegnet

verheißungsvoll mit einem

Hauch von Sinnlichkeit

so lange bis ich

dich vielleicht

in der Wirklichkeit

wieder finde

Liebe auf Raten

Mein Leben mit dir
ein kurzer Telefonanruf
eine Stunde Zärtlichkeit
eine Nacht voll Wärme
dein Körper
auf meiner Haut
ein Erwachen mit dir
doch dann
nur ein kurzer Abschied
ein flüchtiger Kuss
ein Tschüss
bis in sechs Wochen
VIELLEICHT

Wie man liebt,
so bettet…

Schwöre mir nie

du würdest mich

auf Rosen betten

denn ich wäre

wund gestochen

So ist es immer
schon gewesen

Was sie nicht

wissen sollen

genau das

interessiert sie

Was sie interessieren sollte

genau das

wollen sie nicht wissen

Als Dein Anruf kam

DU?

Wo bist du?

WARUM?

Ich möchte mit dir reden

WORÜBER?

Über uns

WESHALB?

Weil du nie da bist

wenn ich dich brauche

DU HAST KEINE ZEIT!

Na gut der andere

hat sie bestimmt

DEMNÄCHST,

EHRLICH?

ist es zu spät –

gerade kommt

mein Besuch –

das Warten

hat ein Ende

lass es dir gut gehen

ich lege auf – tschüss

Als dein Rückruf kam

KEIN ANSCHLUSS

UNTER DIESER

NUMMER

Du bist reich

Lebe die Gegenwart
und nicht
die Vergangenheit
versuche nie
zu sein
was du
nicht bist
lerne zu schätzen
was du hast
denn deine Augen
können sehen
dein Mund sprechen
dein Herz fühlen
ist das nicht
Reichtum genug

Nur Mut

So lange man noch

etwas fühlt

und sei es nur der Schmerz

so lange

sollte man nicht

ans Aufgeben

denken

Auf die Kleinen

Neun Monate lang
habt ihr gewartet auf
den neuen Erdenbürger
Habt ihm dann das Leben
geschenkt
um das er nicht gebeten
Lasst ihn eure
Vorstellungen erfüllen
die man euch nicht leben ließ
Lasst ihn eure Träume
erleben
an denen man euch
gehindert hat
Er soll es ja besser haben
als ihr – armer
kleiner Erdenbürger

Hand in Hand

Du

Ich

zusammen

Begegnung

auf dem

schmalen Pfad

der Einsamkeit

HAND IN HAND

sich erforschen

sich fühlen

um dann

zu erkennen

dass ich dich mag

HAND IN HAND

Für Gerald

Schreiben

wollte ich dir

doch

höhnisch lacht

das Papier

mich an

Meine Liebe

hätte

darauf genug

Platz gehabt

Doch

für meine Wut

ist dieses Blatt

zu klein

Hübsch farblos

Du bist hübsch

anzuschauen

mit deiner

Palette

bunter Farben

ein Bild des Lebens

doch

näher hingeschaut

die Farben

abgekratzt

bist du farblos

Wer bist du?

Sternschnuppe

Wie ein Stern aus
dem All flog ich
suchte meinesgleichen
suchte oft vergebens
denn ich vergaß
immer wieder
dass viele Sterne
eben doch keine sind

Hörig

Auf der Suche

nach dir

vergaß ich fast

mich selbst

zu finden

Dieter fragt...

Was wäre

wenn es mich

nicht gäbe?

Dann wäre

ein anderer

an deiner Stelle

Liebet einander
und mich

Möge nie aus Lachen
Weinen werden
und nie aus Liebe
Hass entstehen
Denn dann wird der Tag
zur dunklen Nacht
wird die Zweisamkeit
zur Einsamkeit
das Liebste dann
zu Deinem Feind
Der Rest Zerstörung

Als wir uns fanden

Als wir uns fanden
glaubte ich ein Baum zu sein
Du fegtest über meine Äste
mal als Sonne
die mich wärmte
mal als Regen
an dem ich mich laben konnte
mal als Wind
an dem mein Stamm erzitterte
doch dann warst Du
nur Sturm
der meine Wurzeln
aus dem Boden riss

Herzschmerzen

So weh ist mir ums Herz

wie tief die Wunde

die Du mir geschlagen

ist kein Erbarmen in Dir

für meinen Schmerz?

Dein Stolz

so groß

Dein Herz

so hart

Glück und Verdammnis

Hast Du mir

in einen Atemzug geschenkt

Eingegangen

Ich war wie

eine Blume

mit leuchtenden Farben

und stolz

erhobenem Haupt

als ich Dich sah

und Dir vertraute

Als Du mein

Vertrauen zerstört hast

war ich immer noch

eine Blume

doch die Farben

waren verblasst und

den Kopf ließ ich hängen

Bis zur Ewigkeit

Die Welt ist die Hoffnung

in der wir leben

Die Kraft und die Stärke

ist der Glaube

um unsere Erfahrung

Die Geburt und der Tod

ist das Leben

um das wir wissen

Vergangenheit

Gegenwart und Zukunft

ist die Zeit

die uns begleitet

von jeher bis

zur Ewigkeit

Nur der Schein

Als ich lachte waren
alle zufrieden
keiner sah das Weinen

Als ich liebte waren alle
zufrieden keiner sah
dass ich unglücklich war

Als ich zu zweit
sah keiner dass ich alleine

Würden sie sehen dass ich
weine – nicht liebe
und unglücklich bin –
hieß es Trennung

Enttäuscht

Als ich

geben

tun und machen

konnte

war ich die Beste

immer da

im Notfall

einmal nur

solltest Du

die Beste sein

und hast versagt

Unvergessen

Wie

tausend Ameisen

empfinde

ich Dich

erst

kribbelst

du auf

meiner Haut

dann

brennst

Du in

meiner Seele

Liebe inbegriffen

Warum

hast du mir

einen Garten

aus Liebe

gebaut

wenn du ihn jetzt

aus Gleichgültigkeit

verwildern

lässt

Irrweg

Wenn ich mein Haus

nicht mehr verlasse

die Fenster vernagle

die Türen verschließe

und die Schlüssel verstecke

dann bin ich sicher

mich nie wieder zu verlaufen

Blumen-Leben

Blumen sät man

Blumen lässt man keimen

Blumen wachsen

Blumen schneidet man ab

Blumen welken

Bin ich nur eine Blume

für Dich?

Schatzsuche

Immer wieder ging
ich auf die Suche
nach dem kleinen Wort
das Glück sich nennt
fand vieles
doch oft eisgekühlt
oder hart wie Granit
selten weich und zart
wie Butter

Lügengebäude

Es gibt Menschen
die Lebenshäuser bauen
und es gibt Menschen
die voller Vertrauen
darin wohnen
doch erst
wenn Mauern einstürzen
erkennen sie
dass viele Wände
nur mit Worten
und nicht mit Wahrheit
gebaut wurden

Ausgelesen

Meine Gefühle gab ich Dir

du hast sie gelesen

wie ein gutes Buch

um es dann wieder

ins Regal zu stellen

weil Du es ausgelesen hattest

Wenn die Hilde
mit der Wilma

Ach Wilma! Weißt du schon

die Tochter von Hermanns

ein Kind – und keinen Mann

und von Müllers der Sohn

schon wieder eine neue

Freundin

und die Frau Krause

sie hat schon wieder

zugenommen

Der arme Mann, sprach Hilde

voller Mitleid

und biss – selbst

zentnerschwer –

genussvoll in die Sachertorte

Zwei Gesichter

Du

kamst in der Gestalt

eines Engels

dein Kuss

war so süß

wie der Apfel

den Eva

dem Adam gab

doch dein Herz

war so schwarz wie

die Hölle:

Hölle habe ich selbst

Meine Großzügigkeit

Meine Großzügigkeit
gefüllt mit Geben
nie Nein sagen
alles hinnehmen
nie verlangen
immer nur lieben
Danke sagen
statt Wut zu zeigen

Meine Großzügigkeit
hat ein Loch bekommen

Neid ist ungesund

Menschen

die von anderen

behaupten

sie wären

behaupten nur

weil sie sind

was sie nicht

gerne wären

denn wären

sie nicht

wie sie sind

würden sie

nicht behaupten

die anderen wären

Gänseblümchen

ER

liebt mich

ER

liebt mich nicht

ER

liebt mich

ER

liebt mich nicht

doch

ich glaube

ER

liebt mich

aber nicht mein

ICH

Es ist nicht
alles Gold...

Weißt Du
als ich Dich kennenlernte
fühlte ich Deine Offenheit
doch ich misstraute ihr
zu viel Talmi
hat meinen Blick getrübt
Erst als Du gegangen bist
habe ich an
Deine Ehrlichkeit geglaubt
Zu spät?

Denkt daran

Dass Blumen Wasser

brauchen

um zu blühen

das wisst Ihr wohl

Dass Felder Sonne brauchen

um zu gedeihen

das wisst Ihr erst recht

Dass unsere Kinder

Liebe brauchen

das wisst Ihr scheinbar nicht

So nicht

Gedankenlos
bist du auf meinen
Gefühlen
herumgetrampelt
Gedankenlos
hast du meine Liebe
in Anspruch
genommen
Nicht gedankenlos
habe ich
dich dann
zum Teufel
geschickt

Kein Weg zurück

Ist es wirklich der Tod
den Ihr wollt
wenn Ihr nach Frieden sucht?
Jedoch – von dort
gibt es keine Wiederkehr

Willenlos

Ich wollte nicht glauben
und musste doch sehen
Ich wollte nicht wissen
und musste doch hören
Ich wollte nicht lieben
und bemerkte zu spät
dass ich es längst tat

Schön blöd

Damals war ich
schön blöd
lernte gehorchen
lernte ja sagen
heute gehorche ich noch
sag' auch ja
doch bin ich nicht mehr
schön blöd

Verwelkt

Sähen

Keimen

Wachsen

Hast du Geduld

wächst dir

eine schöne

Blume

Doch dann

schneidest du sie

dann welkt sie

Bin ich eine

Blume

für dich

Die Zeit rennt
von alleine

Drum lauft in
die Zukunft
aber rennt nicht
in euer Verderben

Zwischen heute und

Damals

deine Augen so warm

deine Lippen so weich

deine Worte so zärtlich

Zwischen damals und

Heute

deine Augen so kalt

deine Lippen so hart

deine Worte so verletzend

was bleibt ist nur ein

Lebewohl

Sehnsucht

Sag es dem Wind

meine Gedanken sind viele

Sag es dem Wind

meine Gefühle sind viele

Sag es dem Wind

meine Wünsche sind viele

Die Hoffnung ergeht

sich im Sturm

Der Sommer der
ein Winter war

Wie eine Blume

habe ich mich

in deinem

Garten entfaltet

wie ein Sonnenstrahl

hast du mich erwärmt

doch ich wollte

nicht glauben

dass du auch Winter bist

setzte mich deiner

Kälte aus

und erfror

Für Jürgen

Es war

bezaubernd

dir zu begegnen

doch

zu kurz

war die Zeit

ein Hauch

beinah

vorübergehend

vielleicht

vielleicht

aber auch nicht

Irrsinn

Heile Welt in mir
Chaos um mich her
suchen und nicht finden
fragen und die Antwort
nicht verstehen
glauben
und doch misstrauen
   Ängste
   Frohsinn
   Lachen
alles durcheinander
Verwirrte Gefühle
nicht zu erfassende Gedanken
Ein Weg zum Wahnsinn?

Mein Kind

Mein Kind
lernst neue Dinge:
Lesen, Schreiben,
freudig, leicht,
ohne Lust, schwer.
Mein Kind – noch verspielt
und gar nicht ernst,
mal macht das Leben Spaß,
es gibt auch Tränen.
Mein Kind, wirst Freude und
Verzweiflung erleben.
Jahre, sie werden vergehen.
Wirst du sie meistern,
mein Kind?

Täuschungsmanöver

Ich wollte tanzen

er wollte flirten

ich habe geflirtet

da wollte er lieben

ich habe geliebt

da wollte er Sex

ich wünschte

er ginge

Auf Abruf

Wenn Du kommst
dann siehst und fühlst
Du mich
Wenn Du gehst
hast du mich vergessen
und gedenkst erst meiner
wenn Du wiederkommst

Nur geträumt

Du bist eingebrochen
in meine Welt
doch ich weiß nicht
was Du bist
nicht Vergangenheit
noch Gegenwart
noch Zukunft überhaupt
bist gar nur ein Traum
Traum der Wirklichkeit

Allein

Du sagst Dir sei

alles egal

doch eigentlich

bist Du verletzt

Du sagst

Du brauchst

mich nicht

doch eigentlich

hast Du Angst

dass ich gehe

Warum zum Teufel

sagst Du nicht

was Du wirklich willst

Schade

Freunde
sind oft wie
Sonderangebote
aus dem Supermarkt:
Nur selten halten sie
was sie versprechen

Leihgabe

Der Versuch

das Bild

deines

Lebens zu

malen

misslang mir

gründlich

denn deine

Farben

waren nicht

echt

Ich bin da

Ach mein Freund

so hilflos

flatterst du

im Wind

die Hoffnung

so schwer für dich

zu finden

den Glauben

hast du ganz verloren

mein Freund

nimm meine Hand

ich werde dich halten

nimm meine Hoffnung

sie wird das Dunkel

für dich erhellen

mein Glaube

soll dir Kraft verleihen

Halt sein für alles Böse

wenn du fällst

helfe ich dir auf

hast du Angst

will ich dich schützen

wenn die Welt

dich verlässt

bin ich da

mein Freund

Ja Ja

Sie

ist eine

mein Gott

ist der

sogar die Kinder

schon

JA

Segen über die

die noch tratschen

können

Ich kann schwimmen

Als Du gegangen bist
hast Du Dir wahrlich
eingebildet
ich würde ertrinken
in dem See meiner Tränen

Doch hast Du vergessen
dass es ein Ufer gibt

Konto überzogen

Vieles

hast du

mir gegeben

und fragst

nun erstaunt

was willst du noch

du glaubst es nicht

nur Liebe

Bitte auffüllen

Illusionen

Ich sei für dich

ein wunderschöner

Strauß Blumen

wolltest mich nie

welken lassen

ich wusste um deine

Ehrlichkeit

und deinen

guten Willen

doch die Blumen

die du hegen

wolltest

hast du am Ende

doch verwelken lassen

Mein kleiner Teufel

Geh

und lass mich

in mir selbst

versinken

denn

deine

Abgründe

sind mein

Verderben

Warum Ma

Hallo Ma
ich rufe Dich
hörst Du nicht
ich brauche Dich
ja Ma – ich weine
um Dich – um mich
ich suche Dich
doch Du
merkst es nicht
auf dem Weg
zu Dir falle ich oft
ins Nichts
doch Du
Du hältst mich nicht
willst Du mich nicht

Nur ein Abenteuer

Meine Gefühle
ignorierst du,
Meine Sehnsucht
lässt dich kalt,
Auf der Suche
nach dir
versteckst du dich
War ich dir
nie wichtig?

Verloren

Damals war ich zu zweit
heute bin ich alleine;
damals hatte ich Zweisamkeit
heute nur noch Einsamkeit;
damals war ich ganz,
heute nur noch halb.
Warum müsst Ihr immer
die Hälfte mitnehmen
wenn Ihr geht?

Vorbei

Ich hab Dich nie gefragt
wo Du warst
wenn Du kamst
Ich hab Dich nie gefragt
wohin du gehst
wenn Du mich verlässt
Dir kam nie der Gedanke
es mir zu sagen
Nun nach langer Zeit
willst Du es
mich wissen lassen
doch heute
will ich es
nicht mehr hören

Wer nicht hören will

Ich hatte Heißhunger
auf einen Apfel
Doch der einzige
war noch grün
Ich biss trotzdem hinein
und verdarb mir
gründlich den Magen

Nur mein Bestes

Als ich mich
dir anvertraute
versprachst du
nur mein Bestes
zu wollen
dabei
verlor ich mich
auf der Suche
nach mir
verlor ich dich
nun behalte ich
wohl mein Bestes
für mich

Sklavin der Liebe

Es ist

überflüssig

dir zu sagen

dass ich

dich

nicht lieben

will

tue ich

es doch

längst

Ewigkeit mit Dir

Zwischen Dir und mir
liegt eine Ewigkeit
ein Hauch von Zärtlichkeit
und Poesie
ein Hauch von Sinnlichkeit
und Liebe
ein Hauch von Traurigkeit
und Angst
Zwischen Dir und mir
liegt eine Ewigkeit
von Wahrheit und Lüge
Zwischen Dir und mir
liegen Leben und Tod
Es bleibt die Ewigkeit
mit Dir

Eiszeit

Begegnet sind mir

schon viele

Menschen –

große – kleine

dicke – dünne

liebenswerte –

arrogante –

ängstliche –

verlorene –

doch die meisten davon

zusammen gestrickt,

ergeben einen dicken

Pullover,

in dem ich erfrieren würde

Zu spät für mich

Als ich dich bat
bei mir zu bleiben
hast du gesagt zu spät
da sei eine andere
die meinen Platz
in deinem Herzen
eingenommen habe
irgendwann bist du
zurückgekommen
mein Platz bei dir
sei wieder frei
zu spät für dich!
Nun ist dein Platz
in meinem Herzen
für alle Zeit besetzt

Gemeinsam

Wir fingen gemeinsam an
unseren Garten
des Lebens zu bauen
klar und mit
systematischer Ordnung
wolltest Du ihn anlegen
für mich sollte er
wachsen wie es ihm
die Natur erlaube
Nun baue ich mir
meinen eigenen Garten
fürs Leben

Verheißungsvoll

Du spürst du es
wie unsere Gefühle
wachsen
aus der gleichen Saat
zu einer Blüte

Es sind vier Blätter
zwei von Dir
zwei von mir
zusammen ergibt
es ein Glücksblatt

Verliebt in deine Menschlichkeit

Du bist Champagner

prickelnd

und erregend

Du bist Sonne

Wärme und Licht

Du bist Regen

kalt und nass

Du bist Gewitter

Donner und Blitz

Du bist Mensch

wie ich

darum mag ich Dich

Nicht sturmfest

Durch viele Orte

sind wir gelaufen

bei Sonnenschein

und auch Regen

in einem davon

haben wir Halt gemacht

und eine Hütte gebaut

unzerstörbar

wie wir glaubten

doch der erste Sturm

hat sie hinweg gefegt

Feuerwerk

KLICK

In wenigen Sekunden

sprangen die Funken

für ein paar Stunden

von dir zu mir

Ohne Garantie

Als Kind machte ich
meinen Freischwimmer
und dachte
nun gehst du nicht mehr unter
Nun bin ich kein Kind mehr
und vergesse doch sehr oft
dass ich schwimmen gelernt habe

Der Glaube versetzt Berge

Ich bin nicht

schön noch attraktiv

aber fast

bin nicht die

Intelligenteste

auch nicht allwissend

aber fast

bin nicht die Größte

auch nicht ohne

Fehl und Tadel

aber fast

bin ich nicht einfach

TOLL

Mein Traumtänzer

Voller Neugier

wartest Du

auf meine Briefe

ich schrieb sie

aus Liebe

und war mir

deiner sicher

dann entdeckte ich

die Wichtigkeit

meiner Briefe

sie waren nur Zierde

für deine Eitelkeit

Der Zinker

Dein Mund
sagt mir Worte
voller Liebe
doch in deinen Augen
erkenne ich
die Lüge

Kurz bevor
ich mich verlor

Hallo

mein Freund

wo kommst du her?

Wie konnte es sein

dass ich

Jahre des

Misstrauens vergaß?

War es dein Lächeln

das mich meine Angst

vergessen ließ?

Waren es deine Worte

die mir Hoffnung

wiedergaben

oder war es dein Wesen

deine liebe Art

die mich den Glauben

an die Menschen

wieder finden ließ?

Es war deine Kraft

die mich stärker machte

deine Güte

die mich von der Angst

befreite

deshalb

kurz bevor ich mich verlor

Liebste Tochter

Jeden Tag könnt' ich aufs

Neue verzagen

störst immer wieder mein

Wohlbehagen

Könnt' fast vergessen wie

sehr ich Dich liebe

denn meine Hände jucken

nach Hiebe

im Bad entringt sich mir

ein Schrei

denn überall klebt

Deine Sauerei

der Schlafanzug der

ins Bett gehört

mich sicher irgendwo

beim Sitzen stört

die Bürste die Dein

Haar behandelt

später den Frühstückstisch

verschandelt

Nutella mir vom Eisschrank

entgegenlacht

sieht gut aus –

eine wahre Pracht

die Wut ich fühl' sie

in mir steigen

wie gern würd' ich sie

Dir jetzt zeigen

doch in letzter Sekunde

fällt mir ein:

Ich hab' dich lieb,

Du Riesenschwein

Steh-auf-Mensch

Wenn Du gehst werde ich weinen

aber nicht ertrinken

Wenn Du gehst werde ich verzweifeln

aber nicht untergehen

Wenn Du gehst werde ich verlieren

doch am Ende bleibe ich Siegerin!

Dein Wille

Willst Du gehen

tu es

Willst Du weinen

gib den Tränen nach

Magst Du hoffen

dann hoffe

Willst Du lieben

dann liebe

Doch nie vergiss

lieben heißt nicht nehmen

lieben heißt geben

Wo bist Du

Mit dir möchte ich reden

doch spreche ich

mit anderen

weil Du nicht da bist

Von dir möchte ich

Zärtlichkeit

Doch andere geben sie mir

weil Du wieder einmal

nicht da bist

Von dir möchte ich

Deine Liebe

die mir andere nicht

geben können

Doch ich bleibe einsam

weil Du nicht da bist

Selbstbetrug

ich hasse

hasse

hasse

Dich

warum

nur

muss

ich

Dich

LIEBEN

Durchschaut

Du bist erkannt.
An deinen Lügen
erkannte ich deine
Unsicherheit
an deinen Geschichten
deine Angst
an deiner zur Schau
getragenen Selbstsicherheit
dein verloren Sein

Unvollendet

Damals war ich

wie ein Buch

mit vielen Seiten

doch leer

Du hast sie

im Lauf der Zeit

beschrieben

trotzdem wurde kein

Bestseller

daraus

denn

**Du hast den Schluss
vergessen**

Sag es dem Wind

meine Gedanken sind viele

sag es dem Wind

meine Gefühle sind viele

sag es dem Wind

mein Sehnen ist viel

die Hoffnung ergeht

sich im Sturm

Gedankenlos

Wenn Du kommst

siehst und fühlst Du mich

Wenn Du gehst

hast Du mich vergessen

und gedenkst erst meiner

wenn Du wieder kommst

Mut zur Liebe

Ich wollte nicht glauben
und musste doch sehen
ich wollte nicht wissen
und musste doch hören
ich wollte nicht lieben
und bemerkte zu spät
dass ich es längst tat

Nur geträumt

Du bist eingebrochen
in meine Welt
doch ich weiß nicht
was Du bist
nicht Vergangenheit
noch Gegenwart
noch Zukunft überhaupt
bist gar nur ein Traum
Traum der Wirklichkeit

Inhaltsverzeichnis